U0789166

（宋）朱熹 注釋

宋本大學章句

國家圖書館出版社

圖書在版編目（CIP）數據

宋本大學章句／（宋）朱熹注釋.—北京：國家圖書館出版社，2010.12

ISBN 978-7-5013-4451-2

Ⅰ.①宋… Ⅱ.①朱 Ⅲ.①儒家②大學—注釋
Ⅳ.①B222.12

中國版本圖書館CIP數據核字（2010）第228032號

責任編輯：徐 蜀

書名 宋本大學章句

著者 （宋）朱熹 注釋

出版發行 國家圖書館出版社（原北京圖書館出版社）
100034 北京市西城區文津街七號
Tel （010）66151313 Fax （010）66121706
E-mail Btsfxb@nlc.gov.cn（郵購）

印刷 杭州蕭山古籍印務有限公司

開本 八

印張 十

版次 二〇一〇年十二月第一版第一次印刷

印數 一一五〇〇

書號 ISBN 978-7-5013-4451-2

定價 四八〇圓

宋本大學章句

(宋)朱熹 注釋

國家圖書館出版社

圖書在版編目(CIP)數據

宋本大學章句/(宋)朱熹注釋.—北京:國家圖書館出版社,2010.12

ISBN 978-7-5013-4451-2

Ⅰ.①宋… Ⅱ.①朱 Ⅲ.①儒家②大學—注釋

Ⅳ.①B222.12

中國版本圖書館CIP數據核字(2010)第228032號

責任編輯:徐蜀

ISBN 978-7-5013-4451-2

書名 宋本大學章句

著者 (宋)朱熹 注釋

出版發行 國家圖書館出版社(原北京圖書館出版社)

100034 北京市西城區文津街七號

Tel (010)66151313 Fax (010)66121706

E-mail btsfxb@nlc.gov.cn(郵購)

印刷 杭州蕭山古籍印務有限公司

開本 八

印張 十

版次 二〇一〇年十二月第一版第一次印刷

印數 一—五〇〇

書號 ISBN 978-7-5013-4451-2

定價 四八〇圓

出版說明

《大學》與《中庸》、《論語》、《孟子》一起合稱《四書》，是儒家傳道、授業的基本教材。其實，北宋以前中國古代儒家經典著作只有《五經》，即《詩經》、《尚書》、《禮記》、《周易》和《春秋》，簡稱爲「詩、書、禮、易、春秋」，《四書》尚未自成體系。到了北宋時期的程顥、程頤兄弟，纔開始大力提倡這四部書。程氏兄弟認爲，《大學》是孔子講授「初學入德之門」的要籍，經孔子的學生曾參整理成文；《中庸》是「孔門傳授心法」之書，是孔子的孫子子思「筆之于書，以授孟子」的。這兩部書與《論語》、《孟子》一起表達了儒學的基本思想體系，是研治儒學最重要的文獻。正是根據這樣的觀點，南宋光宗紹熙元年（一一九〇），著名理學家朱熹在福建漳州將《大學》、《論語》、《孟子》、《中庸》彙集到一起，作爲一套經書刊刻問世。這位儒家大學者認爲「先讀《大學》，以定其規模；次讀《論語》，以定其根本；次讀《孟子》，以觀其發越；次讀《中庸》，以求古人之微妙處」。

朱熹著《四書章句集注》，具有劃時代意義。漢唐是《五經》時代，宋後是《四書》時代。朱熹把《論語》、《大學》、《中庸》、《孟子》這四部書編在一起，因爲它們分別出于早期儒家的四位代表性人物孔子、曾參、子思、孟子，所以也稱爲「四子書」，簡稱即爲「四書」。朱熹分別爲這四部書作了注釋，其中《大學》、《中庸》的注釋稱爲「章句」，《論語》、《孟子》的注釋因爲引用他人的説法較多，稱爲「集注」。值得注意的是，朱熹所編定的《四書》次序本來是《大學》、《論語》、《孟子》、《中庸》，是按照由淺入深進修的順序排列的。後人因爲《大學》、《中庸》的篇幅較短，爲了刻寫出版的方便，而把《中庸》提到《論語》之前，成了現在通行的《大學》、《中庸》、《論語》、《孟子》順序。

元代延祐年間（一三一四—一三二〇）恢復科舉考試，正式把出題範圍限制在朱注《四書》之内，明、清沿襲而衍出「八股文」考試制度，題目也都是在朱注《四書》裏。由于這些因素，因而造就了《四書》凌駕于《五經》之上的獨特地位。《四書》之中，

《大學》又是入門的階級，尤爲前賢所重。朱熹于《大學》的開篇便強調：「子程子曰，《大學》孔氏之遺書而初學入德之門也。于今可見古人爲學次第者，獨賴此篇之存，而《論》、《孟》次之，學者必由是而學焉，則庶乎其不差矣。」並且，由于幾百年來包括《大學》在内的《四書》在我國廣泛流傳，其中許多語句已成爲膾炙人口的警句格言。例如「修身、齊家、治國、平天下」，便來自《大學》：「古之欲明明德于天下者，先治其國；欲治其國者，先齊其家；欲齊其家者，先修其身；欲修其身者，先正其心；欲正其心者，先誠其意；欲誠其意者，先致其知，致知在格物。物格而後知至，知至而後意誠，意誠而後心正，心正而後身修，身修而後家齊，家齊而後國治，國治而後天下平。」《大學》乃至《四書》，雖是封建時代的産物，但今日看來，除去研討中國古代思想史等方面的參考價值外，對現代人的修身養性，促進社會和諧，也有其可取之處。

此次影印所用底本，爲宋淳祐十二年（一二五二）當塗郡齋刻本《四書章句集注》之《大學》抽印本，並採用彩色仿眞印製，力求再現宋刻典籍之風彩。

國家圖書館出版社

二〇一〇年十二月

出版說明

《大學》與《中庸》、《論語》、《孟子》一起合稱《四書》，是儒家傳道授業的基本教材。其實，北宋以前中國古代儒家經典著作只有《五經》，即《詩經》、《尚書》、《禮記》、《周易》和《春秋》，簡稱「詩、書、禮、易、春秋」。《四書》尚未自成體系。到了北宋時期的程顥、程頤兄弟，纔開始大力提倡這四部書。程氏兄弟認爲，《大學》是孔子講授「初學入德之門」的要籍，經孔子的學生曾參整理成文；《中庸》是「孔門傳授心法」之書，是孔子的孫子子思「筆之于書，以授孟子」的。這兩部書與《論語》、《孟子》一起表達了儒學的基本思想體系，是研治儒學最重要的文獻。正是根據這樣的觀點，南宋光宗紹熙元年（一一九〇），著名理學家朱熹在福建漳州將《大學》、《論語》、《孟子》、《中庸》彙集到一起，作爲一套經書刊刻問世。這位儒家大學者認爲「先讀《大學》，以定其規模；次讀《論語》，以定其根本；次讀《孟子》，以觀其發越；次讀《中庸》，以求古人之微妙處」。

朱熹著《四書章句集注》，具有劃時代意義。漢唐是《五經》時代，宋後是《四書》時代。朱熹把《論語》、《大學》、《中庸》、《孟子》這四部書編在一起，因爲它們分別出于早期儒家的四位代表性人物孔子、曾參、子思、孟子，所以也稱爲「四子書」，簡稱即爲「四書」。朱熹分別爲這四部書作了注釋，其中《大學》、《中庸》的注釋稱爲「章句」，《論語》、《孟子》的注釋因爲引用他人的說法較多，稱爲「集注」。值得注意的是，朱熹所編定的《四書》次序本來是《大學》、《論語》、《孟子》、《中庸》，是按照由淺入深進修的順序排列的。後人因爲《大學》、《中庸》的篇幅較短，爲了刻寫出版的方便，而把《中庸》提到《論語》之前，成了現在通行的《大學》、《中庸》、《論語》、《孟子》順序。

元代延祐年間（一三一四—一三二〇）恢復科舉考試，正式把出題範圍限制在朱注《四書》之內，明、清沿襲而衍出「八股文」考試制度，題目也都是在朱注《四書》裏。由于這些因素，因而造就了《四書》凌駕于《五經》之上的獨特地位。《四書》之中，《大學》又是入門的階梯，尤爲前賢所重。朱熹于《大學》的開篇便強調：「程子曰：《大學》，孔氏之遺書而初學入德之門也。于今可見古人爲學次第者，獨賴此篇之存，而《論》、《孟》次之。學者必由是而學焉，則庶乎其不差矣。」並且，由于幾百年來包括《大學》在內的《四書》在我國廣泛流傳，其中許多語句已成爲膾炙人口的警句格言。例如「修身、齊家、治國、平天下」，便來自《大學》：「古之欲明明德于天下者，先治其國；欲治其國者，先齊其家；欲齊其家者，先修其身；欲修其身者，先正其心；欲正其心者，先誠其意；欲誠其意者，先致其知；致知在格物。物格而後知至，知至而後意誠，意誠而後心正，心正而後身修，身修而後，齊家、家齊而後國治、國治而後天下平。」《大學》乃至《四書》，雖是封建時代的產物，但今日看來，除去研討中國古代思想史等方面的參考價值外，對現代人的修身養性、促進社會和諧，也有其可取之處。

此次影印所用底本，爲宋淳祐十二年（一二五二）當塗郡齋刻本《四書章句集注》之《大學》抽印本，並採用彩色仿真印製，力求再現宋刻典籍之風采。

國家圖書館出版社

二〇一〇年十二月

大學章句序

大學之書古之大學所以教人之法也蓋自天降生民則既莫不與之以仁義禮智之性矣然其氣質之稟或不能齊是以不能皆有以知其性之所有而全之也一有聰明睿智能盡其性者出於其閒則天必命之以爲億兆之君師使之治而教之以復其性此伏羲神農黃帝

堯舜所以繼天立極而司徒之職典樂之官所由設也三代之隆其法寖備然後王宮國都以及閭巷莫不有學人生八歲則自王公以下至於庶人之子弟皆入小學而教之以洒埽應對進退之節禮樂射御書數之文及其十有五年則自天子之元子衆子以至公卿大夫元士之適子與凡民之俊秀皆入大學

而教之以窮理正心修己治人之道此又學校之教大小之節所以分也夫以學校之設其廣如此教之之術其次第節目之詳又如此而其所以為教則又皆本之人君躬行心得之餘不待求之民生日用彝倫之外是以當世之人無不學其學焉者無不有以知其性分之所固有職分之所當為而各俛焉以盡

其力此古昔盛時所以治隆於上俗美於下而非後世之所能及也及周之衰賢聖之君不作學校之政不修教化陵夷風俗頽敗時則有若孔子之聖而不得君師之位以行其政教於是獨取先王之法誦而傳之以詔後世若曲禮少儀內則弟子職諸篇固小學之支流餘裔而此篇者則因小學之成功以著大

學之明法外有以極其規模之大而內
有以盡其節目之詳者也三千之徒蓋
莫不聞其說而曾氏之傳獨得其宗於
是作爲傳義以發其意及孟子沒而其
傳泯焉則其書雖存而知者鮮矣自是
以來俗儒記誦詞章之習其功倍於小
學而無用異端虛無寂滅之教其高過
於大學而無實其他權謀術數一切以

就功名之說與夫百家衆技之流所以
惑世誣民充塞仁義者又紛然雜出乎
其閒使其君子不幸而不得聞大道之
要其小人不幸而不得蒙至治之澤晦
盲否塞反覆沈痼以及五季之衰而壞
亂極矣天運循環無往不復
宋德隆盛治教休明於是河南程氏兩
夫子出而有以接乎孟氏之傳實始尊

信此篇而表章之旣又爲之次其簡編發其歸趣然後古者大學教人之法聖經賢傳之指粲然復明於世雖以熹之不敏亦幸私淑而與有聞焉顧其爲書猶頗放失是以忘其固陋采而輯之閒亦竊附己意補其闕略以俟後之君子極知僭踰無所逃罪然於

國家化民成俗之意學者修己治人之方則未必無小補云淳熙己酉二月甲子新安朱熹序

大學

大舊音泰今讀如字　　朱熹章句

子程子曰大學孔氏之遺書而初學入德之門也於今可見古人爲學次第者獨賴此篇之存而論孟次之學者必由是而學焉則庶乎其不差矣

大學之道在明明德在親民在止於至善

程子曰親當作新○大學者大人之學也明明之也明德者人之所得乎天而虛靈不昧以具衆理而應萬事者也但爲氣稟所拘人欲所蔽則有時而昏然其本體之明則有未嘗息者故學者當因其所發而遂明之以復其初也新者革其舊之謂也言既自明其明德又當推以及人使之亦

有以去其舊染之汚也止者必至於是而不遷之意至善則事理當然之極也言明明德新民皆當至於至善之地而不遷蓋必其有以盡夫天理之極而無一毫人欲之私也此三者大學之綱領也

知止而后有定定而后能靜靜而后能安安而后能慮慮而后能得

后與後同後放此○止者所當止之地即至善之所在也知之則志有定向靜謂心不妄動安謂所處而安慮謂處事精詳得謂得其所止

物有本末事有終始知所先後則近道矣

明德爲本新民爲末知止爲始能得爲終本始所先末終所後此結上文

兩節之意

古之欲明明德於天下者先治其國欲治其國者先齊其家欲齊其家者先脩其身欲脩其身者先正其心欲正其心者先誠其意欲誠其意者先致其知致知在格物

治平聲後放此○明明德於天下者使天下之人皆有以明其明德也心者身之所主也誠實也意者心之所發也實其心之所發欲其一於善而無自欺也致推極也知猶識也推極吾之知識欲其所知無不盡也格至也物猶事也窮至事物之理欲其極處無不到也此八者大學之條目也

物格而后知至知至而后意誠意誠而后心正心正而后身脩身脩而后家齊

家齊而后國治國治而后天下平

治去聲後放此○物格者物理之極處無不到也知至者吾心之所知無不盡也知既盡則意可得而實矣意既實則心可得而正矣脩身以上明明德之事也齊家以下新民之事也物格知至則知所止矣意誠以下則皆得所止之序也

自天子以至於庶人壹是皆以脩身爲本

壹是一切也正心以上皆所以脩身也齊家以下則舉此而錯之耳

其本亂而末治者否矣其所厚者薄而其所薄者厚未之有也

本謂身也所厚謂家也此兩節結上文兩節之意

右經一章蓋孔子之言而曾子述之（凡二百五字）其傳十章則曾子之意而門人記之也舊本頗有錯簡今因程子所定而更考經文別爲序次如左（凡千五百四十六字）

凡傳文雜引經傳若無統紀然文理接續血脉貫通深淺始終至爲精密熟讀詳味久當見之今不盡釋也

康誥曰克明德

康誥周書克能也

大甲曰顧諟天之明命

大讀作泰諟古是字○大甲商書顧謂常目在之也諟猶此也或曰審也天之明命即天之所以與我而我之所以爲德者也常目在之則無時不

明矣

帝典曰克明峻德

峻書作俊 ○ 帝典堯典虞書峻大也

皆自明也

結所引書皆言自明己德之意

右傳之首章釋明明德

此通下三章至止於信舊本誤

在没世不忘之下

湯之盤銘曰苟日新日日新又日新

盤沐浴之盤也銘名其器以自警之辭也苟誠也湯以人之洗濯其心以去惡如沐浴其身以去垢故銘其盤言誠能一日有以滌其舊染之汚而自新則當因其已新者而日日新之又日新之不可略有閒斷也

康誥曰作新民

鼓之舞之之謂作言振起其自新之民也

詩曰周雖舊邦其命惟新

詩大雅文王之篇言周國雖舊至於文王能新其德以及於民而始受天命也

是故君子無所不用其極

自新新民皆欲止於至善也

右傳之二章釋新民

詩云邦畿千里惟民所止

詩商頌玄鳥之篇邦畿王者之都也止居也言物各有所當止之處也

詩云緡蠻黃鳥止于丘隅子曰於止知其所止可以人而不如鳥乎

緡詩作綿○詩小雅綿蠻之篇緡蠻鳥聲丘隅岑蔚之處子曰以下孔子

說詩之辭言人當知所當止之處也

詩云穆穆文王於緝熙敬止爲人君止於仁爲人臣止於敬爲人子止於孝爲人父止於慈與國人交止於信

於緝之於音烏○詩文王之篇穆穆深遠之意於歎美辭緝繼續也熙光明也敬止言其無不敬而安所止也引此而言聖人之止無非至善五者

乃其目之大者也學者於此究其精微之蘊而又推類以盡其餘則於天下之事皆有以知其所止而無疑矣

詩云瞻彼淇澳菉竹猗猗有斐君子如切如磋如琢如磨瑟兮僩兮赫兮喧兮有斐君子終不可諠兮如切如磋者道學也如琢如磨者自脩也瑟兮僩兮者恂慄也赫兮喧兮者威儀也有斐君子

終不可諠兮者道盛德至善民之不能忘也

澳於六反菉詩作綠猗叶韻音阿僩下版反喧詩作咺諠詩作諼並況晚反恂鄭氏讀作峻○詩衛風淇澳之篇淇水名澳隈也猗猗美盛貌興也斐文貌切以刀鋸琢以椎鑿皆裁物使成形質也磋以鑢鐋磨以沙石皆

治物使其滑澤也治骨角者既切而復磋之治玉石者既琢而復磨之皆言其治之有緒而益致其精也瑟嚴密之貌僩武毅之貌赫喧宣著盛大之貌諠忘也道言也學謂講習討論之事自脩者省察克治之功恂慄戰懼也威可畏也儀可象也引詩而釋之以明明明德者之止於至善道學

自脩言其所以得之之由恂慄威儀言其德容表裏之盛卒乃指其實而歎美之也

詩云於戲前王不忘君子賢其賢而親其親小人樂其樂而利其利此以没世不忘也

於戲音嗚呼樂音洛○詩周頌烈文之篇於戲嘆辭前王謂文武也君子謂其後賢後王小人謂後民也此言前王所以新民者止於至善能使天下後世無一物不得其所所以既没世而人思慕之愈久而不忘也此兩節咏歎滛泆其味深長當熟玩之

右傳之三章釋止於至善

此章內自引淇澳詩以下舊本誤在誠意章下

子曰聽訟吾猶人也必也使無訟乎無情者不得盡其辭大畏民志此謂知本

猶人不異於人也情實也引夫子之言而言聖人能使無實之人不敢盡其虛誕之辭蓋我之明德旣明自然有以畏服民之心志故訟不待聽而自無也觀於此言可以知本末之先後矣

右傳之四章釋本末

此章舊本誤在止於信下

此謂知本

程子曰衍文也

此謂知之至也

此句之上別有闕文此特其結語耳

右傳之五章蓋釋格物致知之義而今亡矣

此章舊本通下章誤在經文之
下

間嘗竊取程子之意以補之曰所謂致知在格物者言欲致吾之知在即物而窮其理也蓋人心之靈莫不有知而天下之物莫不有理惟於理有未窮故其知有不盡也是以大學始教必使學者即凡天

下之物莫不因其已知之理而益窮之以求至乎其極至於用力之久而一旦豁然貫通焉則衆物之表裏精粗無不到而吾心之全體大用無不明矣此謂物格此謂知之至也

所謂誠其意者毋自欺也如惡惡臭如好好色此之謂自謙故君子必慎其獨

也

惡好上字皆去聲謙讀爲慊苦劫反

○誠其意者自脩之首也毋者禁止之辭自欺云者知爲善以去惡而心之所發有未實也慊快也足也獨者人所不知而已所獨知之地也言欲自脩者知爲善以去其惡則當實用其力而禁止其自欺使其惡惡則如惡惡臭好善則如好好色皆務決去而求必得之以自快足於己不可徒苟且以徇外而爲人也然其實與不實蓋有他人所不及知而己獨知之者故必謹之於此以審其幾焉

小人閒居爲不善無所不至見君子而后厭然揜其不善而著其善人之視己如見其肺肝然則何益矣此謂誠於中

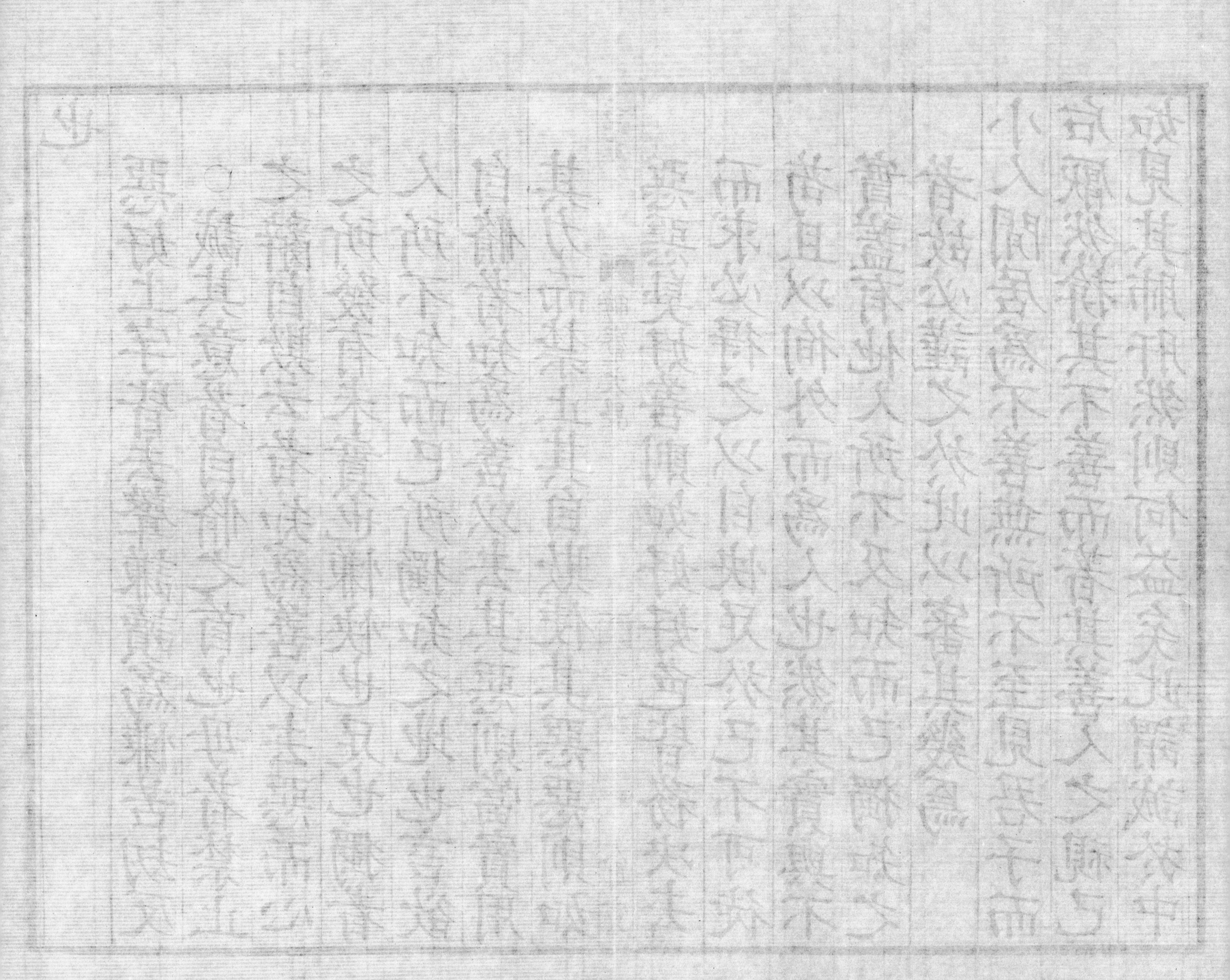

形於外故君子必愼其獨也
閒音閑厭鄭氏讀爲黶○閒居獨處也厭然銷沮閉藏之貌此言小人陰爲不善而陽欲揜之則是非不知善之當爲與惡之當去也但不能實用其力以至此耳然欲揜其惡而卒不可揜欲詐爲善而卒不可詐則亦何益之有哉此君子所以重以爲戒而

必謹其獨也
曾子曰十目所視十手所指其嚴乎
引此以明上文之意言雖幽獨之中而其善惡之不可揜如此可畏之甚也
富潤屋德潤身心廣體胖故君子必誠其意
胖步丹反○胖安舒也言富則能潤

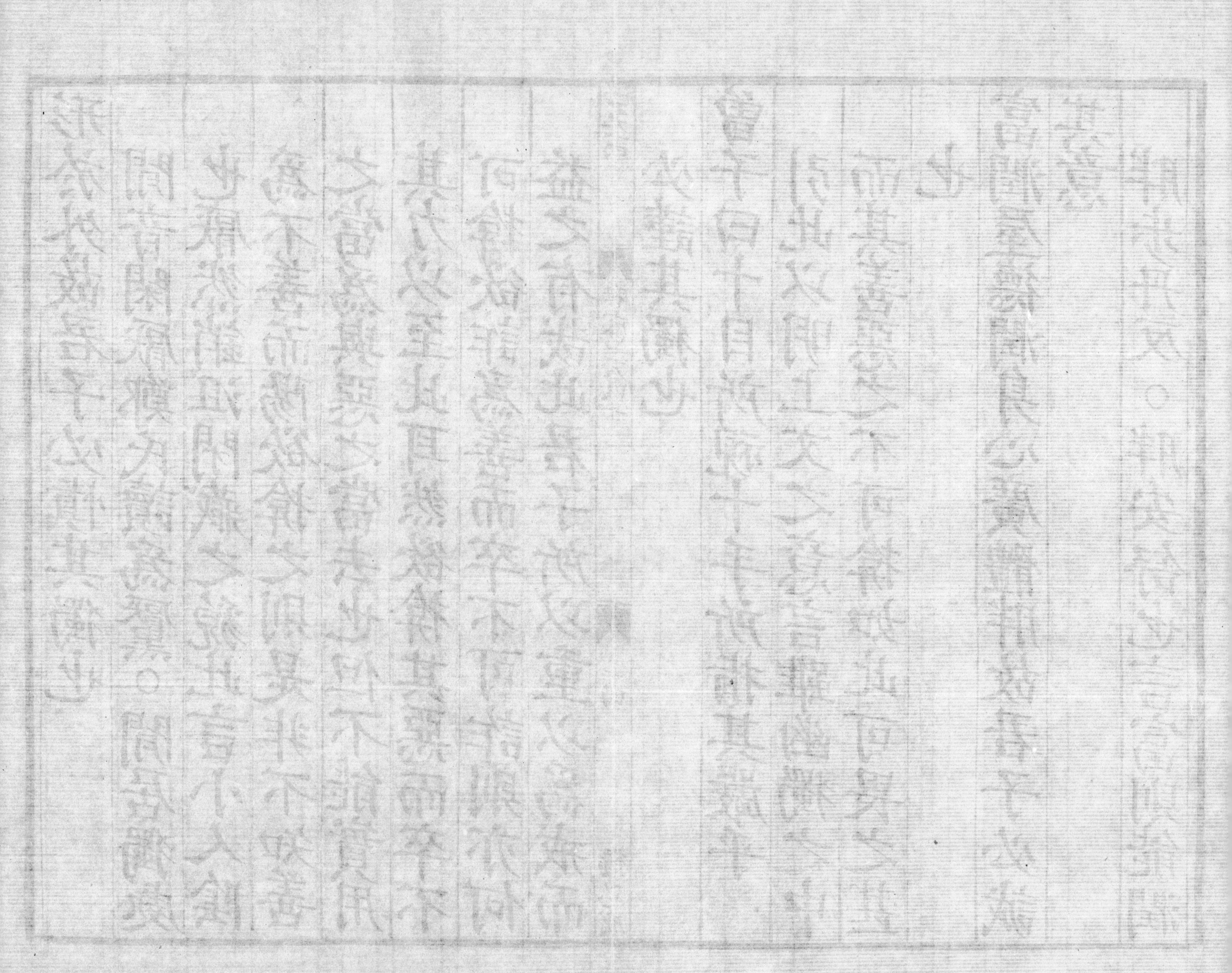

屋矣德則能潤身矣故心無愧怍則廣大寬平而體常舒泰德之潤身者然也蓋善之實於中而形於外者如此故又言此以結之

右傳之六章釋誠意

經曰欲誠其意先致其知又曰知至而后意誠蓋心體之明有所未盡則其所發必有不能實用其力而苟焉以自欺者然或已明而不謹乎此則其所明又非已有而無以爲進德之基故此章之指必承上章而通考之然後有以見其用力之始終其序不可亂而功不可闕如此云

所謂脩身在正其心者身有所忿懥則不得其正有所恐懼則不得其正有所

好樂則不得其正有所憂患則不得其正

程子曰身有之身當作心忿弗粉反懥敕值反好樂並去聲○忿懥怒也蓋是四者皆心之用而人所不能無者然一有之而不能察則欲動情勝而其用之所行或不能不失其正矣

心不在焉視而不見聽而不聞食而不知其味

心有不存則無以檢其身是以君子必察乎此而敬以直之然後此心常存而身無不脩也

此謂脩身在正其心

右傳之七章釋正心脩身

此亦承上章以起下章蓋意誠則眞無惡而實有善矣所以能

存是心以檢其身然或但知誠意而不能密察此心之存否則又無以直內而脩身也○自此以下並以舊文為正

所謂齊其家在脩其身者人之其所親愛而辟焉之其所賤惡而辟焉之其所畏敬而辟焉之其所哀矜而辟焉之其所敖惰而辟焉故好而知其惡惡而知其美者天下鮮矣

辟讀為僻惡而之惡敖好並去聲鮮上聲○人謂衆人之猶於也辟猶偏也五者在人本有當然之則然常人之情惟其所向而不加審焉則必陷於一偏而身不脩矣

故諺有之曰人莫知其子之惡莫知其苗之碩

諺音彥碩叶韻時若反○諺俗語也溺愛者不明貪得者無厭是則偏之爲害而家之所以不齊也

此謂身不脩不可以齊其家

右傳之八章釋脩身齊家

所謂治國必先齊其家者其家不可教而能教人者無之故君子不出家而成教於國孝者所以事君也弟者所以事

長也慈者所以使衆也

弟去聲長上聲○身脩則家可教矣孝弟慈所以脩身而教於家者也然而國之所以事君事長使衆之道不外乎此此所以家齊於上而教成於下也

康誥曰如保赤子心誠求之雖不中不遠矣未有學養子而后嫁者也

中去聲○此引書而釋之又明立教之本不假強爲在識其端而推廣之耳

一家仁一國興仁一家讓一國興讓一人貪戾一國作亂其機如此此謂一言僨事一人定國

僨音奮○一人謂君也機發動所由也僨覆敗也此言教成於國之效

堯舜帥天下以仁而民從之桀紂帥天下以暴而民從之其所令反其所好而民不從是故君子有諸己而后求諸人所藏乎身不恕而能喻諸人者未之有也

好去聲○此又承上文一人定國而言有善於己然後可以責人之善無惡於己然後可以正人之惡皆推己

以及人所謂恕也不如是則所令反
其所好而民不從矣喻曉也
故治國在齊其家
通結上文
詩云桃之夭夭其葉蓁蓁之子于歸宜
其家人宜其家人而后可以教國人
夭平聲蓁音臻○詩周南桃夭之篇
夭夭少好貌蓁蓁美盛貌興也之子
猶言是子此指女子之嫁者而言也
婦人謂嫁曰歸宜猶善也
詩云宜兄宜弟宜兄宜弟而后可以教
國人
詩小雅蓼蕭篇
詩云其儀不忒正是四國其爲父子兄
弟足法而后民法之也
詩曹風鳲鳩篇忒差也

此謂治國在齊其家

此三引詩皆以咏歎上文之事而又結之如此其味深長最宜潛玩

右傳之九章釋齊家治國

所謂平天下在治其國者上老老而民興孝上長長而民興弟上恤孤而民不倍是以君子有絜矩之道也

長上聲弟去聲倍與背同絜胡結反

○老老所謂老吾老也興謂有所感發而興起也孤者幼而無父之稱絜度也矩所以爲方也言此三者上行下效捷於影響所謂家齊而國治也亦可以見人心之所同而不可使有一夫之不獲矣是以君子必當因其所同推以度物使彼我之間各得分願則上下四旁均齊方正而天下平

矣

所惡於上毋以使下所惡於下毋以事上所惡於前毋以先後所惡於後毋以從前所惡於右毋以交於左所惡於左毋以交於右此之謂絜矩之道

惡先並去聲○此覆解上文絜矩二字之義如不欲上之無禮於我則必以此度下之心而亦不敢以此無禮

使之不欲下之不忠於我則必以此度上之心而亦不敢以此不忠事之至於前後左右無不皆然則身之所處上下四旁長短廣狹彼此如一而無不方矣彼同有是心而興起焉者又豈有一夫之不獲哉所操者約而所及者廣此平天下之要道也故章內之意皆自此而推之

詩云樂只君子民之父母民之所好好之民之所惡惡之此之謂民之父母

樂音洛只音紙好惡並去聲下並同○詩小雅南山有臺之篇只語助辭言能絜矩而以民心爲己心則是愛民如子而民愛之如父母矣

詩云節彼南山維石巖巖赫赫師尹民具爾瞻有國者不可以不慎辟則爲天下僇矣

節讀爲截辟讀爲僻僇與戮同○詩小雅節南山之篇節截然高大貌師尹周太師尹氏也具俱也辟偏也言在上者人所瞻仰不可不謹若不能絜矩而好惡徇於一己之偏則身弒國亡爲天下之大戮矣

詩云殷之未喪師克配上帝儀監于殷

峻命不易道得衆則得國失衆則失國

喪去聲儀詩作宜峻詩作駿易去聲

○詩文王篇師衆也配對也配上帝言其爲天下君而對乎上帝也監視也峻大也不易言難保也道言也引詩而言此以結上文兩節之意有天下者能存此心而不失則所以絜矩而與民同欲者自不能已矣

是故君子先慎乎德有德此有人有人此有土有土此有財有財此有用

先謹乎德承上文不可不謹而言德即所謂明德有人謂得衆有土謂得國有國則不患無財用矣

德者本也財者末也

本上文而言

外本內末爭民施奪

人君以德爲外以財爲内則是爭鬭其民而施之以刼奪之教也蓋財者人之所同欲不能絜矩而欲專之則民亦起而爭奪矣

是故財聚則民散財散則民聚

外本内末故財聚爭民施奪故民散反是則有德而有人矣

是故言悖而出者亦悖而入貨悖而入者亦悖而出

悖布内反 ○ 悖逆也此以言之出入明貨之出入也自先謹乎德以下至此又因財貨以明能絜矩與不能者之得失也

康誥曰惟命不于常道善則得之不善則失之矣

道言也因上文引文王詩之意而申

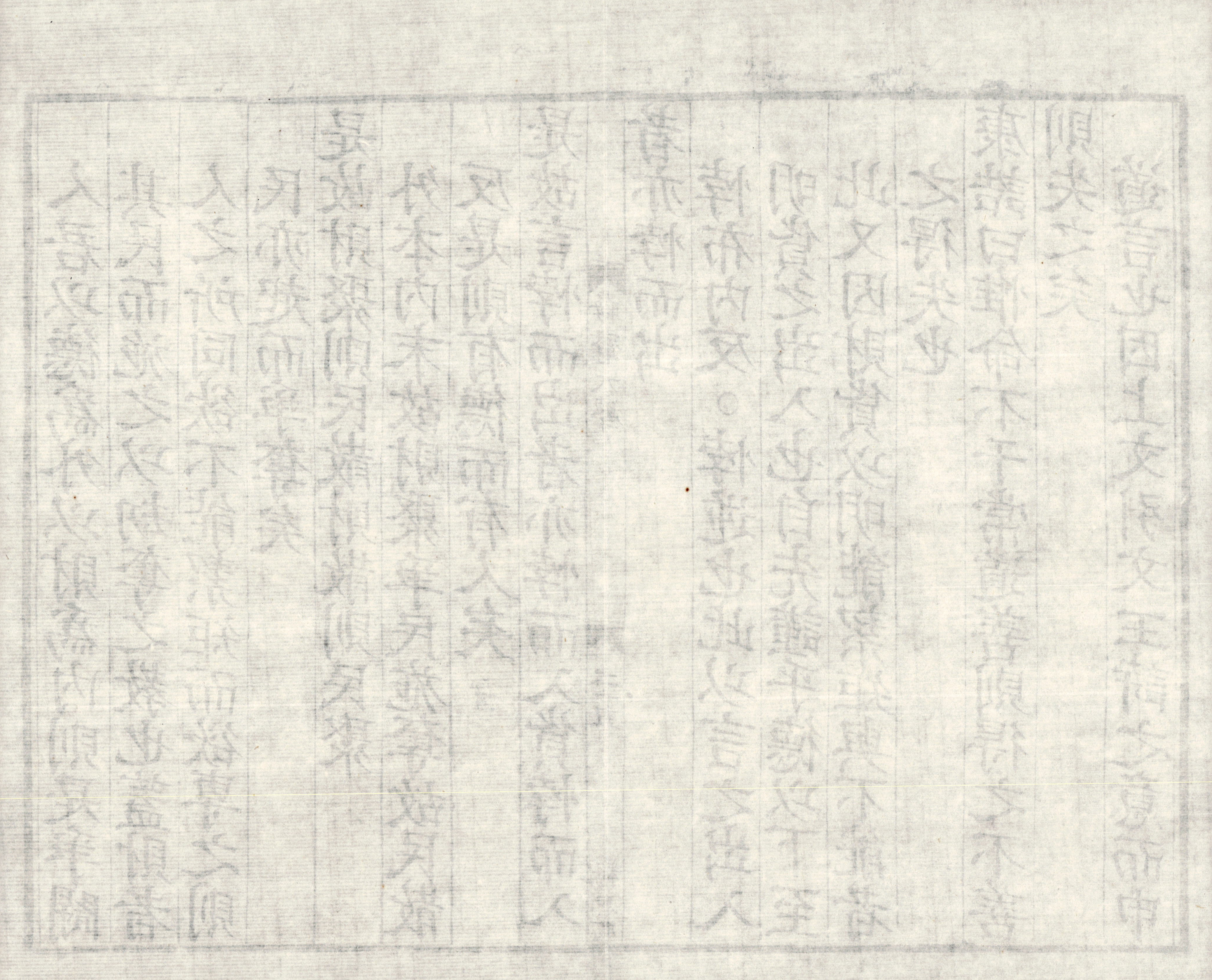

言之其丁寧反覆之意益深切矣

楚書曰楚國無以爲寶惟善以爲寶

楚書楚語言不寶金玉而寶善人也

舅犯曰亡人無以爲寶仁親以爲寶

舅犯晉文公舅狐偃字子犯亡人文公時爲公子出亡在外也仁愛也事見檀弓此兩節又明不外本而內末之意

秦誓曰若有一个臣斷斷兮無他技其心休休焉其如有容焉人之有技若已有之人之彥聖其心好之不啻若自其口出寔能容之以能保我子孫黎民尚亦有利哉人之有技媢疾以惡之人之彥聖而違之俾不通寔不能容以不能保我子孫黎民亦曰殆哉

个古賀反書作介斷丁亂反媢音冒

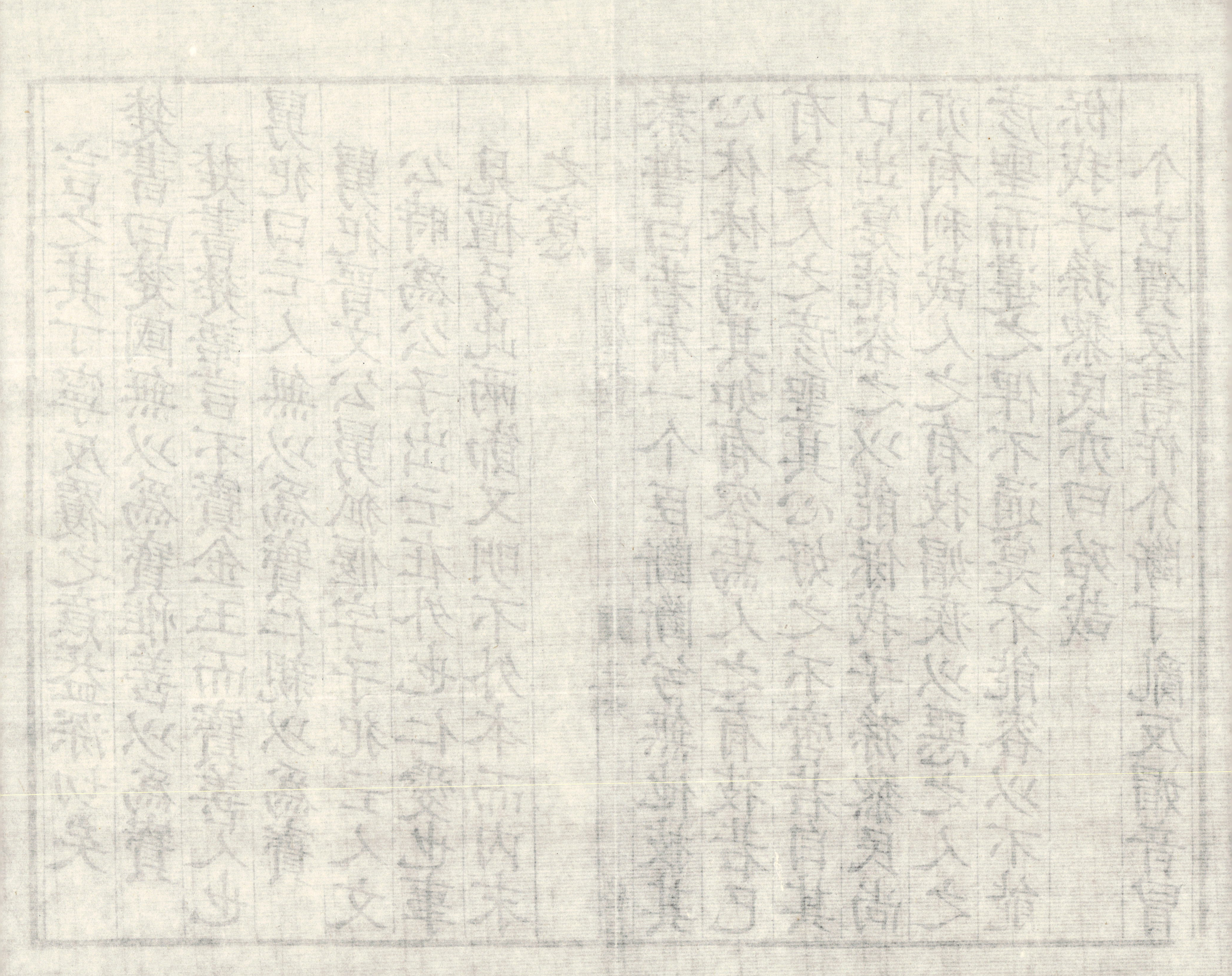

○秦誓周書斷斷誠一之貌彥美士也聖通明也尚庶幾也媢忌也違拂戾也殆危也

唯仁人放流之迸諸四夷不與同中國此謂唯仁人爲能愛人能惡人

迸讀爲屛古字通用○迸猶逐也言有此媢疾之人妨賢而病國則仁人必深惡而痛絶之以其至公無私故能得好惡之正如此也

見賢而不能舉舉而不能先命也見不善而不能退退而不能遠過也

命鄭氏云當作慢程子云當作怠未詳孰是遠去聲○若此者知所愛惡矣而未能盡愛惡之道蓋君子而未仁者也

好人之所惡惡人之所好是謂拂人之

性菑必逮夫身

菑古災字夫音扶○拂逆也好善而惡惡人之性也至於拂人之性則不仁之甚者也自秦誓至此又皆以申言好惡公私之極以明上文所引南山有臺節南山之意

是故君子有大道必忠信以得之驕泰以失之

君子以位言之道謂居其位而脩己治人之術發己自盡爲忠循物無違謂信驕者矜高泰者侈肆此因上所引文王康誥之意而言章内三言得失而語益加切蓋至此而天理存亡之幾決矣

生財有大道生之者衆食之者寡爲之者疾用之者舒則財恒足矣

恒胡登反○呂氏曰國無遊民則生者衆矣朝無幸位則食者寡矣不奪農時則爲之疾矣量入爲出則用之舒矣愚按此因有土有財而言以明足國之道在乎務本而節用非必外本内末而後財可聚也自此以至終篇皆一意也

仁者以財發身不仁者以身發財

發猶起也仁者散財以得民不仁者亡身以殖貨

未有上好仁而下不好義者也未有好義其事不終者也未有府庫財非其財者也

上好仁以愛其下則下好義以忠其上所以事必有終而府庫之財無悖出之患也

孟獻子曰畜馬乘不察於雞豚伐冰之家不畜牛羊百乘之家不畜聚斂之臣與其有聚斂之臣寧有盜臣此謂國不以利爲利以義爲利也

畜許六反乘斂並去聲○孟獻子魯之賢大夫仲孫蔑也畜馬乘士初試爲大夫者也伐冰之家卿大夫以上喪祭用冰者也百乘之家有采地者也君子寧亡己之財而不忍傷民之力故寧有盜臣而不畜聚斂之臣此謂以下釋獻子之言也

長國家而務財用者必自小人矣彼爲善之小人之使爲國家菑害並至雖有善者亦無如之何矣此謂國不以利爲利以義爲利也

長上聲彼爲善之此句上下疑有闕

文誤字○自由也言由小人導之也

此一節深明以利爲利之害而重言以結之其丁寧之意切矣

右傳之十章釋治國平天下

此章之義務在與民同好惡而不專其利皆推廣絜矩之意也能如是則親賢樂利各得其所而天下平矣

凡傳十章前四章統論綱領指趣後六章細論條目功夫其第五章乃明善之要第六章乃誠身之本在初學尤爲當務之急讀者不可以其近而忽之也

大學章句畢

從政郎提領江淮茶鹽所準備差遣劉[illegible]校正

當塗郡齋舊有文公
論孟集註註與本文皆
大字於老眼為宜盖丘
肅吕公所刊見謂善本
光庭搨來似字依倣規製
取中庸大學章句併
刊之足成四書語孟歲
月浸久間有漫滅就加
整治是書在天地間無
窮達老少皆不可一日廢

熟復玩味則旋〻行事其有不跋且畏哉淳祐壬子孟秌朔旦金華馬光祖跋識